El cónsul del Mar del Norte

JOSÉ CARLOS CATAÑO

El cónsul del Mar del Norte

Edición ampliada

bokeh ✳

Primera edición, Pre-textos, 1990

© José Carlos Cataño, 2019
© Imagen de cubierta: José Carlos Cataño, 2019
© Bokeh, 2019
    Leiden, NEDERLAND
    www.bokehpress.com

ISBN 978-94-93156-12-8

Fuisteis buenos conmigo 9
¿Somos el mismo? 10
Las nubes, las olas 11
Noli me tangere 13
Sobre la rememoración 14
Soy, ya no; estoy, ya fue 15
Sol 16
No sostener nada jamás 17
Adónde 18
Mi cumpleaños 19
Respirar la niebla 20
El hombre de Montevideo 21

Prólogo a la lengua 22
Las islas empequeñecen 23
Amores ilustres 24
Este estar de mí 25
El cometa Eückle 26
Lo que el otro entiende por agallas 27
El canguelo 28
Los adelantados 29
Qué dios tan pequeño 30
La bala en el rostro, Sebastian 31
Yo no amo el mar 32
Desprendimiento 33
Ciudades 34
Fidelidad 35
Ya no había más presencia 36
Herencia 37
El milagro 38
Siempre serás para un amor lejano y escondido 39
La sola nube 40
Le crocodile et Mallarmé 41
Dos sonrisas 42
Pasar balance 43
Fuera, por fin 44
Cangrejos de la playa de Ma'bwá 45
El mismo añil 46
Su Serenísima 47
Tonterías estivales 48
Ceniza escondida 49
Sin rumbo 50
En Zanzíbar no hay trabajo 51
Llena de todo cuanto en nuestro rostro se ha vaciado . . 52
Amigo mío 53
Virtud de la sangre débil 54
La pura luz oscura 55
El oficinista del otro día 56

Los ríos de la memoria 57

No había, todavía, distancia 58

Libertad de las aves. 59

El fango de los dioses 60

Bye Congo 61

Dios libre al fin (Domingo de Resurrección) 62

Todas las caras de tu vida 63

Beatrice 64

El día del final 65

Carte postale .66

Luz en el frío. .67

Cada vez un pasado más inmenso 68

Carta a las carcomas 69

El vértice remoto del nacimiento. 70

Mirlos de madrugada 71

El cónsul del Mar del Norte 72

Humo de lo vivido. 73

Un día hermoso .74

¿Soy tal vez mi redención? 75

Fuisteis buenos conmigo

Odia con todo el rencor, con todo el resentimiento que aún llevas en las entrañas. Y no temas, porque hasta la crueldad más abyecta revienta por sí sola como baya madura.

Odia, no por cada golpe recibido —eso es lo más fácil—, sino por aquello que ya nunca recordarás. Que lo único que podrá iluminar tu vida será el odio.

Y por innobles que hayan sido tus actos, no olvides dar las gracias a todos y por todo cuando llegues al fin.

¿Somos el mismo?

Buscamos entre las nubes del alba de otro tiempo, porque, con ser tan volubles, las nubes siempre retornan. También las estrellas, que dicen que están difuntas, suben y destellan como la primera vez.

El arabesco momentáneo con el que se enrojecía el sol camino del horizonte, aquella nube blanca en medio de la noche, aquel nombre entre todos los que hemos atravesado, son formas que, en su fragilidad, permanecen.

Arrastrado por el vendaval, ¿somos el mismo a ojos de la nube, de los nombres que nos miran?

Las nubes, las olas

Amanecieron esta mañana las cumbres cubiertas de niebla. Miré al mar, pero el mar puso cara de no saber nada. Un calvero de sol se balanceaba sobre las olas. Arriba, en el borde de la caldera, seguían con su empeño de permanecer empotradas en la piedra. Venían otras por detrás, igual de obcecadas, igual de gratuitas, y se acumulaban, se mezclaban, se devoraban sin algaradas, y todo seguía igual. Como la Historia, pensé.

Anoche todavía localicé una estrella rezagada de las últimas lluvias estelares. Con las personas pasa lo mismo, que te vienen de otra época, y son jóvenes, y no las conoces, aun siendo idénticas a las que conociste y ya no están entre nosotros. Se mezclan y se confunden los tiempos, los espacios. En la playa había dos gaviotas tutelares, como el año pasado y el otro y el otro. Pasé cerca de ellas respirando para dentro para no espantarlas, pero se levantaron de la atalaya.

Son curiosas las gaviotas, un día de éstos miraba cómo una se entregaba a la caza. Desplegaba todas las artes de vuelo, pasaba por sobre las olas y levantaba triunfante la roda sin nada en el pico. Majestuosa, giraba digna y solemne. Se le afilaban los ojos y volvía al mar picado, y otra vez salía con las garras y la boca vacías.

Ahora el mar está crecido, pero lame manso la orilla pedregosa. El mar, muy próximo, con sus venas tan gruesas, con su profundo resuello. Y lo más curioso es que yo siga en esta orilla insignificante, entre los agaves y las uvas de mar, oyendo a los grillos en la pared de los acantilados.

Vienen las olas con los labios abiertos. A lo mejor tienen una razón de parentesco, las olas, las nubes. Son, pero no existen. Están, pero no son. Otras veces las olas parecen rostros, cuando se desploman sobre la arena negra. Las nubes pasan; las olas quedan. Encadenadas como algo que se quiere decir. Todas las noches las olas, insomnes, pretenden decirnos, a los ojos, las nubes que pasan. Las nubes beben del mar y se evaporan en nuestra escritura, mirando y pensando eso otro que siempre se escapa y no podrá existir, hasta que nuestra escritura deja de ser.

Noli me tangere

A través de senderos de ceniza, entre viñedos amurallados contra el viento, calcinadas las crestas de las olas, negros y blancos los perros.

No arrancan sonido las patas de los animales. Duerme el fuego entre la sombra. Duerme el alisio en la ribera. Todo es oscuro hasta donde la lengua alcanza.

Y tú, candil en mano, dudas si esbozarme una sonrisa.

—*Noli me tangere*—dices, cuando estoy a punto de salvarte de la jauría.

Así, noche tras noche, sueño que descanso sobre el lastre de un barco en la altamar del Ukeréwé.

Y tú, huyendo, repites:

—*Noli me tangere.*

Sobre la rememoración

Cuando te encuentras con un lector, apenas algo de lo que dice te atañe. Habla de alguien que fue, y que no eres tú. Tú te sobrevives. En cuanto al texto, tú eres el primero o el segundo que ignora su sentido. Nada mío me queda y, sin embargo, continúo hacia el horizonte, y, sin embargo, estoy en compañía de muchas voces y ecos de los otros. Yo trabajo con la ficción de mí mismo, a la que dejo sola, y luego me alejo de ella, y a veces de mí mismo, y a veces de todos los otros. Pero los otros están ahí, en su vida, sin tener por qué saber a qué juego de aparición y desaparición me presto. Grandes cantidades de mi vida han quedado veladas en las palabras. Épocas enteras de felicidad.

La felicidad no es algo con lo que se pueda ir muy lejos. Además del malestar que nos aporta, es un enigma no de la memoria, sino de la rememoración. Pues no somos dueños de lo que ansiamos. Tanteamos, nos perdemos y, a veces, reaparecemos.

Soy, ya no; estoy, ya fue

Oleaje silencioso de los cielos. En esta tregua de la tempestad, ningún lugar del mundo cubriría por entero el ansia de escape, el ansia de abrazarlo todo, el ansia de fundirme, yo también, como las nubes que se amontonan, y todo por deshacerse en agua, gota, huella seca: soy, ya no; estoy, ya fue.

Sol

El sol presta su luz y cada día debe declinar. La luna mueve las almas, las mareas y la sangre, levanta el tiempo y los imperios, desmorona la memoria y las pasiones. Las dunas rojas, los hierbajos verdecidos, el viento suave, las nubes que se deslizan como los colores que escapan del mundo. La hiena y el chacal, las bestias que por la noche roban carne viva, y la aurora, la aurora que despinta los primeros destellos en la piel del guepardo.

No sostener nada jamás

¿Por qué amaba aquellos devastadores viajes en tren?

Apenas si abría la boca o aguantaba en el mismo asiento. Miraba por la ventana el paisaje discontinuo y mi pensamiento era la discontinuidad misma.

Yo no he podido sostener nada jamás –ni siquiera el miedo.

Y, sin embargo, cambiando de máquina en la frontera, el tren llegaba a destino y el mar seguía en su sitio.

Adónde

Por dónde pasa la vida, por dónde se escurre, dónde queda algo… ¿Quedará trabado a estas líneas, o sigue la avenida de la última luz que se consume?

Dura unos instantes, ese reverbero, ese clamor de victoria fatigada, pues enseguida surgen los arreboles y el cielo se entinta de azul nocturno.

Tantas veces que uno ha preferido ver pasar la vida, y todo para no perderse la vida, para no quedarse entre libros y escritos; para no quedarse en animal estéril.

¿Vive más la vida quien se entrega a ella sin miramientos o quien la mira, pensando y contemplando, tratando de narrar contra el olvido?

Y eso que ya cuento con que apenas nada me atañe de la mayoría de los que he sido. Que he sido tantos, y más aún, que he sido tantas veces olvido de mí mismo, que apenas me creo en la misma senda en la que nací una vez.

Giro, pero sólo por la fuerza de gravedad de la vida, que te aparta de la ruta, te obliga a aparecer en cielo extraño, y después toco tierra, acaricio un sentido definitivo.

Mi cumpleaños

Leo de alguien que ha cumplido 56 años y ha realizado ya no sé cuántas cosas. Dentro de poco será mi cumpleaños, y no he realizado nada. Qué lejos cuando, la última tarde del año, me iba a la playa, a la sombra de la montaña de Guaza, para hacer balance de mi vida. No me gusta ya realizar balances. Me estoy acostumbrando a esta medianía que puedes adornar con literatura. De eso sabes algo, de adornos literarios. Colocas una nube por aquí y un color por allá, unos cuantos pájaros cantores, unos cuantos horizontes reverberantes, unas cuantas noches estrelladas, y todo queda lindo.

Nada he realizado. A nada he llegado. Mensaje nunca tuve. Nunca pretendí enseñar o mostrar nada. Desde muy pronto me coloqué en busca de mi aire, nada más.

Buscaba la vida y su significado, y las líneas, que con las letras, eran un instrumento de aventura, conocimiento y pérdida, riéndome de los dogmáticos que proclamaban el valor de su experiencia, el bagaje de sus conocimientos.

Porque también escribimos para perdernos. Eso es tal vez lo que he hecho. En busca de aquel barranco —oscuridad y niebla en la noche— de mi origen. Pero con eso no aportas nada. Si te pierdes, te pierdes; no pidas que nada ni nadie te rescate.

Tanta ansia de desaparecer, para tanto temor cuando se insinúa la noche. Por eso sigues, con tus huesos bañándose en el viento africano. Sin levantar las costras. No sea que todo se borre de una vez, la frágil ilusión, cual llama en el cuenco de las manos, de que algún día, aún, darás luz.

Respirar la niebla

No hay cielo. Todo es hosco, enfrentado. Desertar es imposible. Lo he visto en las hojitas de los ciruelos, sorprendidas por un viento polar. Mejor sería no pensar. Mejor aún, no sentir. No ver. Irse a los cráteres a respirar la niebla. En algún lugar la arena estará caliente y las olas serán sonrisas, futuro y promesa. En algún lugar, que no está en el mundo visible.

Una gaviota devoraba un pájaro al mediodía. No es una escena, es una función. Mirar no tiene ninguna función. Sentir y pensar es inútil, el alrededor y el vacío.

Mejor sería adherirse a las horas que transcurren en blanco.

El hombre de Montevideo

Ahora eres viejo y resides al lado de la luna, justo en medio del Atlántico.

Recitas de memoria para viejas damas y, mientras cabecean en la *chaise-longue*, tus ojos están en otra parte.

Como de joven, libras los domingos y viajas a provincias. Tus pasos de incógnito miden sombrías fachadas abalconadas, habitaciones de damasco donde, entre jarrones con violetas, copas de anís sobre la alfombra, los amantes de toda la vida andan en lo suyo.

Vuelvo a oír tu imprecación:

–*Hommes, soyez corrects! ô femmes, minaudez!*

Pero déjalos en paz... Que lo repugnante no es el amor que sobrevive en la humedad de lo remoto, sino los encuentros a plena luz, el temple de los varones, la resolución de las señoras, los coitos sin remordimiento.

Prólogo a la lengua

Un conocido con afanes de notoriedad en la colonia ha dado a la imprenta un pliego de versos. No es que piense que la metrópoli avive el pulso que la rutina ha drenado en sus venas, pero sí confía (oh, la fe que depara el destierro) en que algún día se celebren sus papeles africanos.

Como si la lengua –musa de su irresponsable voz poética– fuera asunto del tiempo.

Así que pasen cien años, la lengua es un accidente del instante, como la muerte, a la que sirve de antesala, y todo cuanto expresa, al viento o por escrito, en apetito de olvido lo convierte, pues el tiempo se deleita tolerando salvedades (un amor, un poema, una convicción) a fin de que más severa nos parezca la fortuna que nos tiene reservada.

Las islas empequeñecen

Descubren un homínido enano con cerebro de mono en la isla de Flores. Hace de ello unos dieciocho mil años. Se trata de una especie que desciende del *homo erectus,* pero que acaso no se encontró con su vecino el *homo sapiens.* Vamos, que estaba ensayando las tragedias cotidianas, cuando las almas predestinadas se agachan a recoger un papelillo del suelo y se extravían para siempre.

Lo más curioso del descubrimiento es la observación de los paleontólogos, que podría resumirse en el hecho de que las islas suelen provocar procesos de ennanecimiento.

Parece ser que ante la ausencia de fuertes adversarios los animales, para ahorrar energía, se empequeñecen.

Amores ilustres

Yo también podría decir algo acerca de *eso*. Guardaos vuestras estrellas polares, vuestras interminables noches de amor, vuestras damas exquisitas, vuestras hembras calientes como una mañana por Nyangabulé. Tanto me da.

Acaso el amor sea el instante en que tiemblan dos cuerpos demorando derramarse el uno en el otro, los ojos en los ojos, la lengua en el secreto previo al desfallecimiento.

Su rostro no era hermoso y era persona de pocas palabras. Tenía desde noviembre no sé qué semilla en agua, y ayer, como quien dice, se convirtió en un tallo finísimo, imparable, en la alegría de la casa.

Tanto me río de lo que sobrevive al verano, que ya sé lo que es suficiente.

Este estar de mí

No eres tú (ni yo): es la cuerda que se rompe.

Puede durar semanas, meses, o años, el proceso. Pero, sin que ni tú ni yo intervengamos, la cuerda se rompe.

Se rompe quiere decir que te entiendo, cuando ya no me importa entender o dejar de entender.

Por lo mismo, algunos han ido muriéndose en mi vida después de muertos.

La cuerda, la memoria, la espera se rompieron. O se fue al horizonte, que es donde las cosas aguardan ser embarcadas hacia otra parte, cuando les llegue el barquero, que no soy yo.

Yo no tengo sino este estar de mí, y todos los bordes que se desprenden de mí y se olvidan del ser que he sido.

Nunca el silencio como respuesta. Nunca el silencio, como no sea el que yo horado en mí, por aproximar las partes de mi ausencia.

Tanto va la cuerda al silencio, que se rompe. No duele, no significa ya nada, la cuerda que deja de serlo.

El cometa Eückle

El poeta Katsumi lamenta no haber visto el paso del cometa Halley, cuya órbita es de 76 años y 7 días, y, a partir de la estrella, ha pensado en los hombres: su verdadero amigo vendrá después de muerto y la amada murió antes de que él naciera.

Pobre Katsumi, ¿qué dirás entonces del cometa Eückle, cuya órbita es de 40 horas en torno a la Tierra?

El verdadero amigo y la verdadera amada nacen constantemente a despecho de nuestra muerte según Eückle.

Lo que el otro entiende por agallas

Destruí los mitos que me acompañaron hasta aquí. Donde el sueño proporciona una especie de eternidad, de la que apenas queda a salvo una mirada al abrir los párpados.

Donde vivir consciente es una miseria y el dolor templa un movimiento hacia la vida que el otro, sólo el otro, toma por audacia.

El canguelo

Al canguelo apenas le concierne el miedo a lo desconocido; apenas la aversión por lo espantoso. Dejo los temores para quienes como tú se manejan con lo visible, y señalo lo que pretende insinuar, que no definir, la inquietud, la sospecha, también la desenvoltura con que el mundo se exhibe íntegro y resplandeciente.

Pues el canguelo está aquí y no, como supones, en las latitudes del horror.

El canguelo, al revés que la aprensión, el susto o el pavor, aparece previo aviso. Éste es uno de sus atributos más fascinantes: su progresivo trompeteo.

Ya puede brillar el cielo y encontrarse lejos cualquier atisbo de amenaza. El canguelo —ya lo sientes— toma la primera copa con tus manos, sale a la calle en tus tobillos, habla por tu lengua entrecortada.

Nada ves, nada piensas. Llaga y eclipse en la cabeza. Desdichado: si creen en ti es porque lo ignoran a *él*.

Los adelantados

Todos los adelantados debieron de pensar lo mismo. Me refiero a no sentirse en absoluto adelantados. Debieron de sacrificar semejante consideración en el diálogo inverificable con los adelantados del futuro; y éstos, hacer otro tanto con los adelantados del pretérito.

Porque lo que define al adelantado es su ser irrepetible, y lo que colorea su hazaña, el temor a que otros sientan lo que él cuando niega sentirse adelantado.

Sólo a costa del rechazo puede dar a entender, a la chusma del mañana, la intención que late tras sus pomposos bautizos toponímicos, escanciados a lo largo de los mares: Parece Vela, Santa Cruz, Cargados Carajos, Sangre Grande…

La conquista de las últimas tierras ignotas se nos ofrece, a la postre, como la historia de una reparación: la que permite al *touriste* pisar el bohío de Gauguin en Anse Turin, la casa de Von Chamisso en Ulea, el hotel de Baudelaire en Port-Louis. Por no citar los centros de beneficencia, evangelización y cultura que mancillan la memoria del barón Von Decken o la de Moritz von Beurmann.

Qué dios tan pequeño

¡Qué dios tan pequeño, en caso de existir, podría hallar hueco en una tragedia tan desmesurada! Pero lo inefable no es ese dios sino la tragedia. Y el eje de rotación se endereza como después de haber chocado la nave de la tierra contra un asteroide monstruoso. Pasa el golpe, el tambaleo, y vuelve la luz del día, y vuelven a las armas los bandos que se enfrentan en aquellas latitudes. ¡Nada como la fe de la religión para continuar respirando hasta la muerte!

La bala en el rostro, Sebastian

Tu cuerpo –un montón de huesos– no sé qué carne tiene aún que ofrecerle al miedo.

Basta mirarte a la cara para ver que el mundo rueda calle abajo por tu vida. O es tu vida la que lo hace por la pendiente a cuyos pies anhelas una hipotética elevación.

Y no sabes de qué te mueres. ¿Quién lo sabe?

Vertiginoso y huérfano es el dolor, la bala en la frente, el rayo de una estrella extinta en tu cabeza.

Cuando sube hasta nuestro rostro, ni siquiera ya somos su motivo.

Yo no amo el mar

Yo no amo el mar, como no amo la vida que se ata a la orilla y renace a cada instante. Cambio y me borro. Y ya no soy más. Salvo la luz que pasa y tiñe de azul, del azul que es incoloro, que dicen que no existe. Y aquella vida distinta que me arrancará como hace el pájaro que surge del mar y lo deja.

Desprendimiento

No hacemos más que desprendernos. Han florecido los almendros aun con nieve en los surcos, como si para ellos sólo contara febrero, florecer y nada más. Y en las cunetas están otra vez las flores amarillas. Y nosotros no hemos querido salir a saludar esa efusión de renuevo y rito, de suma y sigue. Y en medio de todo seguimos intactos.

Como si también para nosotros todo fuera febrero, decir algo y ya está, nada más, y ya para más nunca.

Qué miserable nuestra vida, qué miedosa, qué renuente a todo gran latido, a todo enorme y trágico garabato.

¿Alguna vez fue distinto? ¿Alguna vez fue que escribíamos mientras peleábamos?

No peleamos ya. Ya no nos perdemos. Demasiado atentos al crepitar de un túmulo de ramas que se deshace cada vez un poco más.

Ya no peleamos. No queremos tristezas; ya no las queremos; tal vez nunca las quisimos a propósito.

Queremos, quizá, asomarnos a la primavera que anuncian los gorriones en los tejados, como los bañistas que jalean a la ola grande que viene desde el verano último y luego la rehúyen cuando se acerca plenamente.

Ciudades

Hay ciudades de plata y agua como Estocolmo, ciudades de fango y sol que vuelve de la eternidad, como Jericó, ciudades de piedra inconmovible como Jerusalén. Hay ciudades de cuchillos encendidos, ciudades de humedales de alcohol, ciudades de muchedumbres y manos que todo lo tocan, ciudades de carne y cintura fajada. Ciudades de lluvias y olvidos, y de recuerdos que irrumpen como las zarzas que abaten los árboles. Ciudades de mar y humo, ciudades de brea y tristeza, y de puerto donde nada más hay barcos cargueros. Ciudades sin rostros y de máscaras, ciudades de petróleo y arena. Que cada uno de los que hemos venido a morir a este mundo haya aportado su sombra a una ciudad, es una gota de oro que tarda en evaporarse en la monotonía de la eternidad.

Fidelidad

No te lo pensaste mucho para dejarme por un dragón inglés. Pero de eso hace tanto, mi vida, que se desvanecieron las palabras que lo evocarían.

Quizá una imprevisible gota de agua escarchó la tinta, horadó tu nombre. O un recuerdo lo precipitó, solo, inerme, en la jungla, sin reparar en que tú o yo en el otro sigue enquistado y a la deriva.

Ya no había más presencia

No sabes exactamente dónde estás. Lo que uno es o ha sido, apenas importa. Te zarandea el aire; te deja clavado, como hace con las hojas de papel que engancha en las ramas.

La luna, inmensa y rojiza, sube de repente mucho y ya es amarilla, y ya las traspasan los cendales.

No corre el aire. Los insectos duermen. La luna ha desaparecido; se la han tragado las nubes oscuras. La noche sigue.

Me fui muchas veces. Alejándome sin decir adiós. Cuando en realidad buscaba el beso en la frente; en la herida. Me endurecía, entonces. Ni una caricia; nunca. La sola mano que se acercaba a mi rostro lo echaba hacia atrás. Por eso me tiré al mar aquel diciembre. Porque ya no había más presencia de la que huir, otra mano que rechazar. Ya no había de qué alejarse.

Herencia

Mi casa, en realidad, consta de tres anexos, de gruesa piedra de Rügen y techo de pizarra. Arroyos, huertos, espesuras los aíslan entre sí, y el conjunto, desde el camino, pasa desapercibido.

No fui yo quien se acordó de su existencia, sino una invitada a la sobremesa —esposa de un tratante de libros evangélicos—, al mostrar un súbito interés por las chimeneas.

A la puerta del edificio más próximo se conservaba el hálito de un rostro aplastado contra la vidriera; pensé en mi padre. En el altillo del segundo había tal cantidad de muebles de estilo y maderas nobles, que el matrimonio señaló la conveniencia de sacarlos a la venta y obtener un sustancioso beneficio.

A la entrada del tercer anexo, mi madre (tras enviudar había contraído de nuevo nupcias) me atropelló a preguntas:

—*¿Quién eres? ¿Por qué obedecer? ¿Dónde está ese cuyo nombre es pecado?*

Como no supe qué responder, a mi mutismo reaccionó expulsándome sin contemplaciones.

El milagro

El tiempo se ha detenido, se ha vaciado de significación lo que veo, lo que apenas siento. A veces me sucede, pero no significa nada. Las gaviotas voltean sobre el árbol enfermo y, sin embargo, enhiesto.

Deberían de estar las urracas, los mirlos, las sombras dulces de las primeras hojas.

¿*Cafard, ennui*? Desidia, deseo derramado y esparcido. Indolencia, porque no se siente el cuerpo ni la mente. Sólo mirada. Sólo ver sin ver y pensar sin imágenes. Como sangre que se esfuerza en el reflujo. O como un cielo limpio de luna y estrellas. Como un mar sin ruido. Como el latido muy lejano del horizonte.

Sólo el milagro de que todo sigue sucediéndose sin romperse.

Siempre serás para un amor lejano y escondido

A lo mejor uno se enamora para la despedida, para cuando llega la estación seca y los hombres se besan a la luz de Venus.

A lo mejor, para que aquella frase (*tu cuerpo húmedo contra el cual aprieto el mío recobra los días que se fueron*) subraye que estás solo.

Pero cuando surja de nuevo —la veranda llena de alegría, los cuerpos abrazados girando en la penumbra—, volverás a decir:

—*Luz del instante, tus ojos. En ellos me veo por primera vez.* No vengas con más mentiras, malasangre.

La sola nube

A veces se queda una nube sola en el cielo, muy pequeña, cuando las nubes han dejado de girar como un trompo y el viento duerme en las raíces de los árboles. La diviso al final de una senda, sobre el azul que se va esponjando. No sé qué significan su sencillez, su aparente intrascendencia, ni cómo ha sobrevivido a la furia de sus hermanas, aparatosas y tremendas. Ella está sola y apenas representa nada, un poco de vapor. Ni posee simbolismo ni aspira a trascendencia. Un mirlo cambia de ciprés. Se supone que a lo lejos está a punto de iniciarse el ocaso. Sigue ahí, ella, a la espera de que la noche la envuelva y la acune.

Todo puede trocarse ante la mirada impasible de las nubes. Ellas están echadas en lo suyo, pensándose, recogiéndose los encajes; o pasando con rumbo incierto las más ligeras, grises sobre el cielo blanco. De repente, lo que puede ser acogida es rechazo. A partir de aquí debería enmudecer. Ser un cirro cuyos bordes arden.

Le crocodile et Mallarmé

Eugène Mallarmé, ilustre profesor del Colegio de Francia, publica en 1899 su monumental *Histoire Naturelle du Crocodile Africain*. Un año más tarde tiene ocasión de pisar el continente negro.

Ahora se encuentra en Rwonga, ante su primer ejemplar vivo de la especie. La sangre, de pronto, se le hiela, el cocodrilo avanza y Eugène Mallarmé se sube a un banano.

Erguido sobre los cuartos traseros, el monstruo repta y se encarama.

Las últimas palabras del sabio, según los desconsolados testigos, fueron éstas:

—*Mais non! Mais non! Les crocodiles ne montent pas aux arbres!*

Dos sonrisas

Dos sonrisas te salvan el día, dos. Tanto la sonrisa como la mirada apuntan a la cordialidad, es decir, a tener en cuenta al otro. Es como darle alojo, proporcionarle protección frente a los golpes de la intemperie.

Negra sombra del sol sobre el alma, ¿por qué los golpes, los abandonos, desde aquella primigenia expulsión de la casa natal, a la que le respondieron, como círculos de fuego, todos los golpes que se repitieron después? ¿Qué hace uno para desatar la tempestad? ¿Por qué esa necesidad de mortificación y desamparo?

Huir hacia el azul como única morada en que se desintegra la culpa. Uno, ya no uno. Ya no nada, siquiera.

Pasar balance

Otoño. Has vuelto a la antigua heredad y has fundado, en el paisaje recobrado de la infancia, la familia que se haga eco de tus crepitantes peripecias.

Pero envidio al pintor. En el caso –harto infrecuente– de que pase balance a su vida, recurre a las telas, cuyo olor, relieve y colorido repelen cualquier vislumbre de reflexión.

En cambio, pobre de quien se sirve de las palabras. Lucha por alzar las letras, y una idea se le escurre antes de llegar el margen. La mano, la pluma, cual obediente plomada, tira hacia el subsuelo, donde el pasado muere de asfixia y de asfixia la idea de presente.

Si yo tomara la pluma, para cantarle las cuarenta a mi vida, diría que es el mundo quien sucumbe a mi vacío.

Pero mejor pintar. Pintar la llamativa claridad, el simbolismo, ingenuo y servil, del sendero que se pierde donde el cuadro termina y el espectador se interroga.

Fuera, por fin

Se retrasaba el amanecer. Había dos luceros, hacia el este y hacia el sureste, cuyos destellos rivalizaban cuando abrí los ojos. Volví a comprobar si se trataba de planetas o de estrellas. Continuaba la misma claridad paralizada del inicio. Hasta el mirlo de los alrededores gorjeó más tarde que de costumbre.

¿Podrá suceder un día que el mundo atrase su comienzo? ¿Podría ser tan intenso el sueño de la noche que nada quisiera interrumpirlo?

Pobres vencejos sanguinarios, cuando se arrojan sobre los nidos. Pobres gaviotas, cuando planean con voracidad y gravidez. Pobre luz del día, al fin caída, cuando todos regresan. ¿Deberíamos salir a recibirlos?

Nuestro lugar no está aquí. En ningún lugar nuestro lugar. En el suspiro que se alza, tal vez, hacia arriba, por rebasar el límite de lo que vemos y sentimos. Porque no queremos ni ver ni sentir más.

Fuera, por fin. Fuera, que es de donde venimos a caer hasta aquí. A este punto, que ahora se levanta como si fuera un himno y no es más que un instante del sol oblicuo. Un instante de esplendor. Una última luz a manera de grito que se retira. Última luz de latido que se extasía ante tan puro e indefenso azul. Reverbero de libre azul sobre el cielo. Antes de que vuelvan la noche y la memoria.

Cangrejos de la playa de Ma'bwá

Éstos son los cangrejos de la playa de Ma'Bwá. Aturdido de tanta claridad, contemplo los cangrejos de la playa de Ma'Bwá. La angustia anula mis movimientos. Mas nada saben de angustia los cangrejos de Ma'Bwá. Grises, aplastados por el sol, sacan a superficie los periscopios, expulsan arena con las patas, se hunden en los hoyos.

Cangrejos de la playa de Ma'Bwá.

Un día se extravió uno, se alejó del agujero. Su confianza, su desamparo, aligeró mi angustia, mi ser todo inmóvil y lleno de sol, y empecé a arrojarle puñados de arena.

El cangrejo no huyó. No quería salvarse. Desmintiendo la misantropía, la agorafobia que atribuía a los de su especie, el cangrejo avanzó hasta mi ombligo.

Otro día –la playa, la angustia, la claridad eran las mismas–, a punto estuve de pisar un cangrejo de la playa de Ma'Bwá. Rancio, descolorido, parado junto al agua quieta y oleosa, le faltaban dos patas zurdas y las moscas le succionaban el resto de los ojos.

Agua le arrojé al cangrejo de la playa de Ma'Bwá. Para aliviarle la agonía, para que muriera en su hoyo, para que se lo llevara el capricho de la marea. El cangrejo no se movió. Limpio de moscas y hormigas, seguía al borde del agua, en cuyo dorso se desplegaba una mañana más.

El mismo añil

Es el viento que entra por las puertas correderas que tienen levantado el añil pintado sobre la madera de tarajal. Es el viento sin memoria, el viento de siempre y de antes de siempre. Como el sonido del mar, el mismo mar. El mismo añil del cielo quemándolo todo. La misma gaviota en el viento. La misma imagen de la primera vez, cuando no hubo primera vez. Cuando sólo había una mirada, un respiro, una ausencia de palabra.

Las banderas no están hechas para lucirlas al aire: las destiñe, las rompe el viento. Incluso las palmeras agitan en sus cabezas un verde alicaído. Flor de arena, nubes de arena, cactus morados y pardos; el color de sus flores es breve y diminuto. Y las estrellas, cuajadas en el cielo hasta rozar el mar, también son intermitentes y pequeñas. El azul del mar está en constante movimiento y variación. Todos los colores de la tierra se los lleva el mar de horizonte a horizonte.

Su Serenísima

Fue tanto el desprecio por los míos, que me vestí para ellos con los harapos de la calamidad.

Si me hice querer –si me hice odiar, para que más intenso fuera cuanto de amor exigía–, fue para removerme y vomitar lo inmerecido.

Si busqué a los otros, no era, como fingía, por mor de mi insignificancia, sino para alivio de mi soberbia. Si busqué el tono frívolo y el final de frase –y me confundieron con los ligeros–, lo hice para sobrevivir a mis abismos.

Ahora que no cuento con mis abismos, empiezan a considerarme. Ignoran que a lo lejos yo vivo de una carcajada soberana y serenísima.

Tonterías estivales

Y la hierba que en verano te rozaba las rodillas era también el roce de la muerte.

¿Por qué entonces reías saltando con los insectos?

Lo que sufriente se muestra a la naturaleza sucumbe a la órbita de lo ridículo. Lo que muestran las palabras, sucumbe a la esfera de lo banal.

Ceniza escondida

A medida que sigo alejándome de la orilla, planeo sobre la nada. En cuanto tengo que efectuar previsiones domésticas y cotidianas, podría parecerme al pajarraco que se encuentra con las ranas en la posa del río.

Para impedir la dispersión, o la amnesia, o la parálisis, para llevar a cabo lo ineludible desde esta tarde hasta el lunes, he tenido que valerme de una cuartilla donde escanciar, con sincero placer, cada paso y su tiempo.

Uno navega por las nubes, y le toma el color al cielo, que es otra forma de dibujar el perfil de la existencia. Y, sin embargo, también le es permitido bracear en la nada escribiendo concienzudamente el listado más anodino.

Sirve también esto último, para no quedarse demasiado tiempo desprendido en el aire. Volveremos a hacerlo, y regresaremos a tierra. Como la llama que, al final, no quiere sino besar su ceniza escondida.

Sin rumbo

El calor. El resplandor. Apenas hay brisa. La jacaranda de aquí al lado ya es lila. Ya no hay rumbo en mi vida. Ni conclusiones. Se puede seguir por aquí. No mucho por allá... Y más que seguir es pasivo resistir. Cerrando los ojos de hora en hora. No hay prisa, si no hay ruta. Si no existe tampoco estela. Ola sobre el agua sin memoria. Ola cualquiera, la misma de siempre. Engaño óptico, como esa luz que nos llega de las estrellas muertas. El mar, todo él cementerio, como una ilusión salpicada de olas desde hace tiempo. Tiempo que se nos lleva para atrás. Cuando avanzamos con el cuerpo doblado por el viento. En la playa ficticia. Entre estos despojos triturados –conchas, guijarros, vidrios, fibras vegetales– seguimos pretendiendo alzar un amparo.

En Zanzíbar no hay trabajo

Carece de importancia cómo dicen que me llamo. Carece de importancia la reputación que me sostiene. El primer cuerpo con que tropiece será el primero y el más hermoso, si no quiero morir bajo un montón de lealtades. El auténtico perdedor debe de ser un ganador nato, pues sólo así se entiende la insistencia, la meticulosidad que pone en la derrota.

Nada, nada es en vano. Todos cumplen con su deber, todos tienen razón. Soy lo que me he dejado hacer y valgo lo que la longitud de un sable.

Después de todo, la vida es un puente hacia la verdad, cuyo peso se enamora del abismo.

Llena de todo cuanto en nuestro rostro se ha vaciado

Alejándose de las penalidades de la tierra, una leve luna sube por el cielo, platea el borde del último cirro, y, sobre el mar oscuro, vierte sus reflejos, compás de tiempo y olvido.

Ha sido tanto el calor del día, que a la oscuridad le ha costado cerrarse sobre nosotros, y reverbera en forma de resplandor callado. Como después de una herida. Como una sílaba que flota después de cerrarse los labios.

Pienso en el color de lo muerto que todavía viene a nosotros.

En las ignotas tierras de la infancia, en este momento se estarán moliendo las hojas de las amapolas. En las veredas de oro y juncos. Con la hoguera grande y, sin embargo, no amenazante, estará subiendo la luna llena por las faldas de un volcán. Llena de todo cuanto en nuestro rostro se ha vaciado.

Amigo mío

para Antonio Gómez

De cuanto conversamos, apenas si queda el centro de una frase. Y, sin embargo, es fácil recordar las circunstancias: la rápida retirada de la luz, la veranda en el puerto, tú que hablas de volver a la tierra natal.

No era nuestro propósito, pero las ilusiones que manteníamos se deshicieron como... montaña de besos.

Carecían de porvenir, y nosotros lo ignorábamos. En qué estábamos, pues. A qué tanto derroche de inteligencia. Luego no sé lo que vino. Nada grave, seguramente. No puede haber nada más grave que aquel eclipse, aquel silencio convenido.

Qué lejos puedo sentirte cualquier día.

Virtud de la sangre débil

Dos temperamentos fuertes no llegan a ninguna parte. Ni siquiera uno fuerte arrastrando a otro débil llega demasiado lejos. Tanto exige la conducción y tutela del imbécil, a cambio únicamente del confort de una cama hecha y del continuo asentimiento.

Uno consigo mismo tampoco va a ninguna parte, a poco que sea fuerte y así de inteligente: tantos somos y es tan breve…, etcétera.

Bien mirado, por llegar a alguna parte, mejor hacerlo de idiota y acompañante.

La pura luz oscura

A los vencejos les gusta chillar cuando el sol se insinúa, o bien apareciendo o bien ocultándose; pero no los veréis al mediodía. Tampoco cuando llueve. Los pioneros van por arriba. Van solos, como la corazonada de un visionario. Van balizando los aires secos. Con las alas, van barriendo las cortinas de agua. Luego viene el grupo, los secuaces, la familia.

La lluvia nada tiene que decir a la piel neumática de los vencejos. La lluvia, si tiene que decirle algo a un pájaro, se lo dice, por ejemplo, a las gaviotas, en cuyos pechos siembran el alfa de una gota. Las gaviotas trasladan al mar sus libros de aguas, lo abocan sobre el horizonte. Así como cada nota en las juntas del Kotel o muro de lamentos jamás es destruida, las páginas que abocan las gaviotas nunca desaparecen: laten, al otro lado del horizonte.

El vencejo, en cambio, es de tierra seca y zarza ardiente. De ahí su rusticidad, sus alaridos de profeta, su lengua febril, su cola en dos y en unidad, su cuerpo siempre en encrucijada. La gente, que es sabia, por eso no le presta atención. Se empinan por los aires, los místicos vencejos, ansiando ser alondra blanca, golondrina transparente, el cielo mismo, o la luz más allá del firmamento, la pura luz oscura.

El oficinista del otro día

Todo hoy es azul. Y las ráfagas de cirros parecen abandonadas después de tanto reír.

Ni origen ni nostalgia: aplazamiento. Ítaca existe para salir al mar; no para seguir en él. Existe para lanzarse a las grandes esperanzas y comenzar a respirar el mundo, los anchos horizontes, las expectativas de las vísperas, la luz de los faros plenos de sentido.

El oficinista del otro día no debe de ser tal: estaba, esta tarde, en su esquina de siempre, pero sin chaqueta, con las mangas arremangadas. Se ha quedado varado también en altamar, todo azul cielo su vaso de cerveza. Los vencejos serán los trazos de su bolígrafo en el periódico; los cirros, las frases a medio construir; abandonadas, risueñas, indolentes, tras el día lleno de letras con un sentido por resolver.

Los ríos de la memoria

El otro día se derritió lava en el Mwenzi. Una placa oceánica se incrustó bajo el continente, refundió el magma de la Montaña Que Brilla y provocó un alud de lodo y piedras.

La imagen de los sobrevivientes hacía pensar en los jóvenes que, durante el rito de iniciación, se untan el cuerpo con arcilla blanca para despedir a las tinieblas de la infancia.

El cerebro también tiene sus placas oceánicas, que se desploman y florecen en la lengua de los poetas. Y los ríos de la memoria –ramas, cadáveres y ceniza– transcurren hacia las blancas tinieblas de la infancia.

No había, todavía, distancia

¡Junio! El sonoro junio de pinares y presentidas olas azulmarinas… Junio era la inminencia, la claridad, la rampa que subía hasta el solsticio. Entonces podía esconderme en el jardín, encaramarme al níspero, columpiarme mirando hacia la desembocadura del barranco. Y el mar estaba al fondo. Pero no era el mar todavía, el mar del verano. Era como una idea o un deseo acariciado, por voluntad propia no cumplido. Volvía al césped. Volvía a la tierra y la moldeaba con agua. En la colina de enfrente, al otro lado del barranco, se cimbreaban los ramajes de los eucaliptos. Me llegaba su aroma oscuro. Me llegaba el perfume de las artemisas, el de los humedales en las laderas a pie de casa. La noche era también terrenal. Cuajada de estrellas y de corrientes invisibles. Ya no llovería. Ya no se moverían las tejas. Ya no cabría el peligro de que el techo cayera sobre el dormitorio. Los visillos se ondulaban con la brisa amarilla del final del día y los postigos destilaban su resina, sus gotas de ámbar. Había golondrinas. Cantaban antes que lo hicieran las ranas. Cantaban, toda vez que habían callado las cigarras escondidas entre las amapolas. No había, todavía, distancia. Nadie faltaba. No se conocía el sabor de los adioses.

Libertad de las aves

Rencor…, encuentros del corazón… Qué sentir más inconfesable. Cuán estéril es su tarea, entretenimiento casi. Morder la piedra vacía, la indiferencia del aire, las calles que ya no te pertenecen. Qué libertad, en cambio, la de las aves que vuelan porque sí; la de las flores que se alzan por algo de agua, y florecen y se agostan sin mayor trascendencia, sin lamento ni rabia.

Para el rencor hace falta memoria. Pero en vez de memoria encuentro un reverbero que no tiembla, puesto que es insignificancia, y sobre él sobrevuelo. La próxima vez naceré libre de culpa. Habrá, solamente, un paseo de manzanos, un sol sobre los ramos de las palmeras. Una colina, una palabra, y una vida por delante. Una casa, un sentido; un cumplimiento realizado.

El fango de los dioses

Al que es tocado por la cola del cocodrilo se lo aparta de la tribu. En Europa lo encerrarían en el mismo estanque donde, apiñados en el fango, chapotean los dioses. Al caer la noche no quedaría rastro del infeliz, raída a dentelladas su carne tumefacta.

Un mirar más atento reconocería, sin embargo, la transmigración de su alma en la pereza, cobarde y decrépita, de los saurios, que contemplan sin horror cómo el hijo vuelve a las venas que le dieron cuna.

Bye Congo

Decae la luz. La lluvia tensa su arco hacia el norte y la muchedumbre, en silencio, desciende lentamente a la playa. Restalla el primer compás contra el bidón de petróleo. En la más completa oscuridad, el clarinete es una botella de licor de palma; y la alegría del universo, caderas que se cimbrean.

¿Tu vida está aquí, en los oídos de la música? Lo que ha sido de ti lo avientan al aire las muñecas de los danzantes. El humo sonámbulo te llama a un cielo extraño.

Dios libre al fin (Domingo de Resurrección)

Las olas florecen sobre el altar, los kiries iluminan las mimosas, el coro sopla el sol, un borracho pinta vírgenes que vuelan.

Olas amarillas, arenas azules, huesos rojos saltando o yaciendo sobre la plegaria.

Dios desciende sobre el ecuador y es euforia de una línea, sin arraigo en paisaje o cuerpo alguno.

Todas las caras de tu vida

Las caras que se almacenan en tu memoria, en el cuarto amarillento o azafrán al fondo de tus ojos. Cuando tratas de asirlas, para tu regocijo en su nitidez, escapan con los movimientos propios de una célula observada en el microscopio. Vuelves a dejar la vista perdida, y las caras vienen de repente y con sigilo. Caras súbitas, como ese olor que ya no reconocías y pasó a tu lado una mañana, y con él las sensaciones que nunca se habían repetido. Caras de ayeres y de fechas cercanas; caras conocidas; caras al azar; caras del olvido y del rechazo, y del no recuerdo. Pareciera que, en la bóveda azul, en la incandescencia de la tarde parada, todas las caras de tu vida han estado en la brisa inadvertidas como las sombras de los árboles en las calles sin nadie. ¿Le sucederá a mi cara lo mismo, en los ojos cerrados de otro?

El rostro no existe en el instante. ¿O es la cara lo que no se siente en el instante? El rostro, la cara, la presencia vive en la oscuridad iluminada de una noche, en la desembocadura del amanecer frente a la playa. Lugares que fueron tu rostro… En el tiempo y en el espacio. Entre las constelaciones. Entre las olas. La presencia es goce. El rostro huidizo, deleite. Placer que calla, como el tejido esponjoso de la noche.

Beatrice

Pude haber optado por un tipo de experiencia más presentable, donde la audacia hubiese sido también más inteligible.

Cuna y madera, talento y principios no me faltaron. Pero prescindí, ay, de maestros, y a nadie tomé para dedicatoria, paráfrasis u homenaje, pues los pocos que despertaron mi simpatía, o estaban muertos o andaban escondidos. Y otro tanto sucedió con los temas en que me las vi. Siempre pertenecían a la otra mirada, la que despierta la sospecha de un desliz en la ciega, armoniosa enormidad del mundo, mientras éste amenaza con vaciarse en el temblor de una respuesta.

La otra mirada es la mirada de los perdedores −fieles vasallos del sinsentido−, cuyo empeño queda rebasado por la ley que unos llaman dios y, otros, motivo de literatura, de la misma manera que la senda en el valle o la casa en el desierto son finalmente recobrados por la broza y la desolación.

Y la gente no está para lo difícil. Aplaude el estilo limpio, la intachable conducta, y eso que llama rigor y lucidez. Aplaude la vida, el método, el triunfo.

El día del final

Se piensa que la escritura salva. Yo mismo, desde afuera, he contemplado las ventanas encendidas y he supuesto que la escritura que se extendía por dentro de una habitación, por el orden y el pleno sentido del mundo, compensaba de todos los desalientos, de todos los afanes vencidos.

Cae la noche, y eso es todo. No hay nada que salvar. Cae la noche con la mayor naturalidad, sin más importancia que la que tiene un cuerpo que avanza en su anonimato.

Mañana quizá, entre ramajes, vuelva a ver el mar cegado de luz, el aire que te arroba.

Todavía es pronto y, sin embargo, cada vez es menor el espacio que tienes por delante. Todo tiene sentido, aun lo que carece de sentido. Otros se encargarán de encontrarlo. Los otros, que sin cesar crecen detrás de ti, de ti que ya vas por delante sin contar lo que tienes.

Habrá un fin de partida. Habrá una isla que se hará total sobre tus cenizas. La sombra de un volcán sobre el mar al amanecer y toca por fin el horizonte. Cuando se haga el pleno día, desaparecerá la sombra. Ni siquiera estarás ese día del final.

Carte postale

Al atardecer, los cúmulos se agolpan en torno al volcán y la brisa del lago, púrpura, revuelve el jardín, el árbol del viajero, su abanico abatido y deplegado, en el centro.

La tristeza que desciende sobre el gabinete –la tristeza de las olas fijas a través de los prismáticos– me empuja a encender la lámpara de petróleo.

La vida es la pantalla de la lámpara de petróleo, como el volcán las nubes que lo rodean.

La ausencia de imágenes en la cabeza es un cráter imperceptible siempre. Finalmente, por hacer algo, inicio esta postal.

Tú eres las paredes que me rodean y leen mi intención, mi intención de escribir en esta postal:

Mira, lo que es, prescinde de lo que le rodea.

Luz en el frío

Ya ha entrado el frío. El frío es luminoso. Los cielos relumbran y a ras del mar pasa una caravana de cúmulos. Todo parece que está en su sitio, los cirros, la gente, los árboles moldeando sus frutos. Es un frío de despedida. Es un frío de inminencia. Por eso es también alegre, despreocupado.

En la niñez uno bajaba a las posas del barranco a por larvas para los acuarios. La tierra era roja y abierta, húmeda y fragante, bajo aquellos cielos azulmarinos, sin ningún simbolismo. Es lo que pasa por estar tan lejos, o, según se mire, tan ajeno, de donde nacimos: una imagen, una palabra, alberga ahora simbolismos. Es como si el sentido se fuera por delante, dejara atrás la inocencia y nos esperase más allá, como diciéndonos: «Sigue avanzando».

Sigue avanzando los silbidos de las máquinas. En otro tiempo, un ruido parecido nos llenaba de júbilo, cuando íbamos a los muelles a saludar las distancias, para prometernos un más allá entre aquello que era el ruido de un mundo en marcha y desvelamiento.

Nos embarcamos, sin darnos cuenta, en una caravana de nubes que se deshizo, y desde entonces, como un globo aerostático que ha sido abandonado, hemos seguido dando vueltas.

En este frío soy tan pobre como aquel que respiraba entre las ortigas y el resplandor. A fin de cuentas, eso es lo nuestro, luz en el frío, teñida de negro y de nunca más.

Cada vez un pasado más inmenso

Prolonga el instante la agonía de la tarde, antes de abrazarse al cieno de los pantanos. Y, sin embargo, queda intacto el calor, la atmósfera que enerva y atenúa los gestos y blanquea los colores y lamina los días sin sustancia.

Cambia de astro el ardor, y los cuerpos, sudorosos, se abandonan a la luz de Venus, lánguidos, como el río que nace donde la nieve se rinde, también sin combate, con indolencia, como todo lo que se sabe efímero.

Y mi pasado, antes del declive, despliega su insípido historial. Deshonor, cada página del libro de servicios, a la manera del cuerpo cuando alumbra gusanos de la nada.

Carta a las carcomas

Carcomas…, el tiempo apremia, y ya me he ganado el desprecio por la paciencia que he demostrado. Un día como hoy habré de partir. No tengo fundamento ni de franciscano ni de animista. Vuestro trabajo es notable, a ciegas y en silencio, en tantas cosas parecido al mío. Pero el mundo es ancho y común. ¿Por qué no emplazar vuestros laberintos, vuestros enredos tuertos, vuestras suspicacias y fastidios en las piedras que desecha el desierto?

Una por una, sin conoceros, y sin ganas de adivinar el sustento de vuestra fe, os busco aguja en mano, ebrios los tuétanos de veneno, el que tal vez me lleve antes que a vosotras. Sólo aspiro a esta mesa de nogal. Vedla, parece noble, robusta y sencilla. Viene de no sé dónde, como vosotras y yo. Ya sé que también suspiráis por ella, por sus contornos apenas isabelinos; por la fresca madera de adentro que yo no alcanzo a fruir. Quiero nada más que apoyar mis codos en ella, en una ínfima porción de ella, para que todo el resto continúe a oscuras e inalcanzable, y mis muñecas tiritando ante tanta vastedad.

Llevo mis venas propias, y las que me han hecho. No deseo otros laberintos. No quiero mineros al margen de mí. Sed buenas. Abandonad sin desdoro la madera rica. Vuestro honor, en mi agradecimiento, puede brillar en cualquier parte. En eso no nos parecemos.

El vértice remoto del nacimiento

Hablo de un tiempo lejano, de una tierra inaccesible, de un deseo inerte, aunque los fondos se agiten, como se agitan las algas en los charcos sin peces, o los labios del cadáver que velamos.

Hablo de un tiempo guardado por las risas que no se escuchan. Hablo de una tierra donde los cuerpos se estremecen, y no se percibe.

Agua sin voces, ecos baldíos.

Mi cabeza es el charco grande y deshabitado, la estancia mortuoria exigua y abarrotada.

Tenebrario de velas amarillas, los huesos esparcidos, revueltos con el lastre. Y el barco a merced de nadie.

Mi lengua sostiene sedimentos de la memoria, islas sumergidas por el amor y la distancia.

Cuatro muros renegridos, mi reino. Se abrirá, cuando el cuerpo se cuartee, y nada encontrarán en él, salvo la luz que huye, liberada, hacia el vértice remoto del nacimiento.

Mirlos de madrugada

Son mirlos, sin duda, los pájaros que suenan de madrugada. Siempre he pensado, al oírlos, en hiladas de sentido. He querido pensar en mi vida. Inmediatamente mi oído, pero también mi vida, ha quedado prendido del gorjeo. No hace falta asomarse por la ventana. Escudriñarlos entre la oscuridad que atraviesa la luz de las farolas. Basta sentir cómo uno arroja su trazo, su primer pespunte, su primer bordado, y cómo otro recoge el guante, le saca el envés, ejecuta una floritura todavía más fina y virtuosa. Sobrecoge la finura física de su canto, la intensidad del canto elevándose y doblándose sin red. Están distantes. Están distantes e invisibles los mirlos. Y, sin embargo, bordan juntos la noche y la música.

No sé por qué lo llamamos cantar a lo que hacen los pájaros, los mirlos de ahora en esta madrugada quieta. Uno solo se basta, aunque surge el otro, y tal vez otro más allá, y aun un cuarto. La niebla viene filtrándose desde arriba por las farolas amarillas. Continúa y se confunde con la noche que le sale al paso. Con el mar entero que la espera tras la orilla. Y los mirlos se quedan solos. Contra la noche imperturbable. Contra el mar en lejanía. Locuaces y divertidos porque alguien los escucha a este lado de la ventana.

El cónsul del Mar del Norte

Yo no comprendo qué furioso misterio contienen las tardes luminosas, en que, borracho de ron, tropiezo con lindes de tuneras, que no sirven para nada, junto al Ukeréwé. Y entro en casas abandonadas, que en todos los casos fueron de cónsules ahora muertos. No comprendo por qué, borracho de habanero, encuentro por los suelos antiguas ediciones de bolsillo en alemán, y blusas multicolores, y cajas de embalaje que nunca se utilizaron. Por qué el dinero no llegó a tiempo. O se hundió el barco que venía por mí. O me dejé morir al sol, como los lagartos sobre las lindes de piedra, en una tarde insulsa y sin embargo completa. A lo lejos, de frente, el Ukeréwé, la resaca silenciosa de las grandes olas verdes aun en la penumbra del ocaso. Ukeréwé, mar sin rutas, mar vacío frente al cónsul que entra en casas abandonadas, y halla en la pared la bandera de un país que ya no existe.

Humo de lo vivido

Devoradores de tiempo éramos, y nunca se nos ocurrió pensar en la capa de tiempo que íbamos a dejar atrás, la mancha que, a modo de tiniebla nos iba a impedir divisar el puerto de salida. Pero, sobre todo, la enorme cantidad de humo que lo vivido levanta contra el cielo, hasta el punto de provocarnos náuseas y el deseo de emprender, de forma reiterada y sucesiva, cientos de vidas nuevas, limpias de rastro.

Y, luego, los sueños. Siempre angustiosos. De los que sales bendiciendo que estás vivo; que la equivocación y el espanto sólo estaban de donde escapas.

El pasado parece que se limita a eso, un cielo sombrío, debajo del cual todo transcurre con un espanto callado, como en una oración de recogimiento y gratitud.

Un día hermoso

La claridad con que se pronuncian la victoria y el fracaso es idéntica. Un hecho así, verificable únicamente por la experiencia, no dudará en repetirse hasta que caigas en la cuenta de lo que pretende decir. Entonces no pensarás que es demasiado tarde, que tienes asuntos por resolver. Tampoco verás nítida la línea entre el triunfo y la derrota, entre el término y el comienzo.

La claridad que se repite no responde tanto a una intención aleccionadora, o de escarmiento definitivo, como a la necesidad de consolar al animal de fondo, ciego y carroñero, que llaman destino. De su soledad abisal lo con- suelan –meciéndolo– la claridad y la descarga de su violencia.

Acude al gabinete y pierde el tiempo en trámites banales. No cierres los postigos. Aférrate a la rutina, aunque el cuerpo tiemble porque supone que ya nada volverá a ser como antes.

Con el tiempo sabrás que eso no es cierto: los golpes ciento veinte veces te parten, ciento veinte veces te regeneran a partir de las astillas.

Hoy hace un día hermoso y de la mano de su belleza sólo alcanzo a comprender que los días venideros serán tan hermosos como el de hoy.

¿Soy tal vez mi redención?

Al fin me doy cuenta de que tanta palabra no puede brotar de mí.

Lo que escapa de mí es la apariencia de lo que nombro: *Filo, abismo, soledad...*

Así demuestra hasta qué punto me ignora y me atormenta mostrando su altanera claridad, supurando mis labios como si, en efecto, fuera yo quien hablase.

Porque no puedo hablar, puedo existir en la ausencia evocada del mar, en la palabra que señala un cuerpo irrecuperable.

Porque mantengo los ojos abiertos, puedo ser la claridad que me redima de la trampa de creerme.

Catálogo Bokeh

Abreu, Juan (2017): *El pájaro*. Leiden: Bokeh.

Aguilera, Carlos A. (2016): *Asia Menor*. Leiden: Bokeh.

— (2017): *Teoría del alma china*. Leiden: Bokeh.

Aguilera, Carlos A. & Morejón Arnaiz, Idalia (eds.) (2017): *Escenas del yo flotante. Cuba: escrituras autobiográficas*. Leiden: Bokeh.

Alabau, Magali (2017): *Ir y venir. Poesía reunida 1986-2016*. Leiden: Bokeh.

— (2019): *Mordazas*. Leiden: Bokeh.

Alcides, Rafael (2016): *Nadie*. Leiden: Bokeh.

Andrade, Orlando (2015): *La diáspora (2984)*. Leiden: Bokeh.

Armand, Octavio (2016): *Concierto para delinquir*. Leiden: Bokeh.

— (2016): *Horizontes de juguete*. Leiden: Bokeh.

— (2016): *origami*. Leiden: Bokeh.

— (2019): *El lugar de la mancha*. Leiden: Bokeh.

— (2019): *Superficies*. Leiden: Bokeh.

Aroche, Rito Ramón (2016): *Límites de alcanía*. Leiden: Bokeh.

Blanco, María Elena (2016): *Botín. Antología personal 1986-2016*. Leiden: Bokeh.

Caballero, Atilio (2016): *Rosso lombardo*. Leiden: Bokeh.

— (2018): *Luz de gas*. Leiden: Bokeh.

Calderón, Damaris (2017): *Entresijo*. Leiden: Bokeh.

Castaños, Diana (2019): *Yo sé por qué bala la oveja mansa*. Leiden: Bokeh.

— (2019): *The Price of Being Young*. Leiden: Bokeh.

Columbié, Ena (2019): *Piedra*. Leiden: Bokeh.

Conte, Rafael & Capmany, José M. (2019): *Guerra de razas. Negros contra blancos en Cuba*. Leiden: Bokeh, colección Mal de archivo.

Díaz de Villegas, Néstor (2015): *Buscar la lengua. Poesía reunida 1975-2015*. Leiden: Bokeh.

— (2015): *Cubano, demasiado cubano. Escritos de transvaloración cultural*. Leiden: Bokeh.

— (2017): *Sabbat Gigante. Libro primero: Hojas de Rábano*. Leiden: Bokeh.

— (2018): *Sabbat Gigante. Libro segundo: Saigón*. Leiden: Bokeh.

Díaz Mantilla, Daniel (2016): *El salvaje placer de explorar*. Leiden: Bokeh.

Espinosa, Lizette (2019): *Humo*. Leiden: Bokeh.

Fernández Fe, Gerardo (2015): *La falacia*. Leiden: Bokeh.

— (2015): *Notas al total*. Leiden: Bokeh.

Fernández Larrea, Abel (2015): *Buenos días, Sarajevo*. Leiden: Bokeh.

— (2015): *El fin de la inocencia*. Leiden: Bokeh.

Ferrer, Jorge (2016): *Minimal Bildung. Veintinueve escenas para una novela sobre la inercia y el olvido*. Leiden: Bokeh.

Gala, Marcial (2017): *Un extraño pájaro de ala azul*. Leiden: Bokeh

Galindo, Moisés (2019). *Catarsis*. Leiden: Bokeh.

Garbatzky, Irina (2016): *Casa en el agua*. Leiden: Bokeh.

García, Gelsys (2016): *La Revolución y sus perros*. Leiden: Bokeh.

García, Gelsys (ed.) (2017): *Anuncia Freud a María. Cartografía bíblica del teatro cubano*. Leiden: Bokeh.

García Obregón, Omar (2018): *Fronteras: ¿el azar infinito?* Leiden: Bokeh.

Garrandés, Alberto (2015): *Las nubes en el agua*. Leiden: Bokeh.

Gómez Castellano, Irene (2015): *Natación*. Leiden: Bokeh.

González Nohra, Fernando (2019): *Con sumo placer*. Leiden: Bokeh.

GUERRA, Germán (2017); *Nadie ante el espejo*. Leiden: Bokeh.

GUTIÉRREZ COTO, Amauri (2017): *A las puertas de Esmirna*. Leiden: Bokeh.

HARDING DAVIS, Richard (2019): *Notes of a War Correspondent*. Leiden: Bokeh, colección Mal de archivo.

HERNÁNDEZ BUSTO, Ernesto (2016): *La sombra en el espejo. Versiones japonesas*. Leiden: Bokeh.

— (2016): *Muda*. Leiden: Bokeh.

— (2017): *Inventario de saldos. Ensayos cubanos*. Leiden: Bokeh.

HONDAL, Ramón (2019): *Scratch*. Leiden: Bokeh.

HURTADO, Orestes (2016): *El placer y el sereno*. Leiden: Bokeh.

JESÚS, Pedro de (2017): *La vida apenas*. Leiden: Bokeh.

KOZER, José (2015): *Bajo este cien*. Leiden: Bokeh.

— (2015): *Principio de realidad*. Leiden: Bokeh.

LAGE, Jorge Enrique (2015): *Vultureffect*. Leiden: Bokeh.

LAMAR SCHWEYER, Alberto (2018): *Ensayos sobre poética y política. Edición y prólogo de Gerardo Muñoz*. Leiden: Bokeh, colección Mal de archivo.

LUKIĆ, Neva (2018): *Endless Endings*. Leiden: Bokeh.

MARQUÉS DE ARMAS, Pedro (2015): *Óbitos*. Leiden: Bokeh.

MIRANDA, Michael H. (2017): *Asilo en Brazos Valley*. Leiden: Bokeh.

MORALES, Osdany (2015): *El pasado es un pueblo solitario*. Leiden: Bokeh.

MOREJÓN ARNAIZ, Idalia (2019): *Una artista del hombre*. Leiden: Bokeh.

MÉNDEZ ALPÍZAR, L. Santiago (2016): *Punto negro*. Leiden: Bokeh.

PADILLA, Damián (2016): *Phana*. Leiden: Bokeh.

PEREIRA, Manuel (2015): *Insolación*. Leiden: Bokeh.

PONTE, Antonio José (2017): *Cuentos de todas partes del Imperio*. Leiden: Bokeh.

— (2018): *Contrabando de sombras*. Leiden: Bokeh.

Portela, Ena Lucía (2016): *El pájaro: pincel y tinta china.* Leiden: Bokeh.

— (2016): *La sombra del caminante.* Leiden: Bokeh.

Pérez Cino, Waldo (2015): *Aledaños de partida.* Leiden: Bokeh.

— (2015): *El amolador.* Leiden: Bokeh.

— (2015): *La isla y la tribu.* Leiden: Bokeh.

— (2019): *Apuntes sobre Weyler.* Leiden: Bokeh.

Quintero Herencia, Juan Carlos (2016): *El cuerpo del milagro.* Leiden: Bokeh.

Rodríguez, Reina María (2016): *El piano.* Leiden: Bokeh.

— (2018): *Poemas de navidad.* Leiden: Bokeh.

Rodríguez Iglesias, Legna (2015): *Hilo + Hilo.* Leiden: Bokeh.

— (2015): *Las analfabetas.* Leiden: Bokeh.

Saunders, Rogelio (2016): *Crónica del decimotercero.* Leiden: Bokeh.

Starke, Úrsula (2016): *Prótesis. Escrituras 2007-2015.* Leiden: Bokeh.

Sánchez Mejías, Rolando (2016): *Mecánica celeste. Cálculo de lindes 1986-2015.* Leiden: Bokeh.

Timmer, Nanne (2018): *Logopedia.* Leiden: Bokeh.

Valdés Zamora, Armando (2017): *La siesta de los dioses.* Leiden: Bokeh.

Vega Serova, Anna Lidia (2018): *Anima fatua.* Leiden: Bokeh.

Villaverde, Fernando (2016): *La irresistible caída del muro de Berlín.* Leiden: Bokeh.

— (2016): *Los labios pintados de Diderot.* Leiden: Bokeh.

Williams, Ramón (2019): *A dónde.* Leiden: Bokeh.

Winter, Enrique (2016): *Lengua de señas.* Leiden: Bokeh.

Wittner, Laura (2016): *Jueves, noche. Antología personal 1996-2016.* Leiden: Bokeh.

Zequeira, Rafael (2017): *El winchester de Durero.* Leiden: Bokeh.

www.ingramcontent.com/pod-product-compliance
Lightning Source LLC
Chambersburg PA
CBHW021510090426
42739CB00007B/551